Journal de grossesse

A Marion.

Chapitre 1 – Le test de grossesse

Eve pousse la porte de la pharmacie, qui tinte légèrement. Elle est dans ses petits chaussons, comme quand on vient acheter des serviettes hygiéniques au supermarché quand on est ado. Elle cherche timidement le rayon « test de grossesse ». En fait, elle a eu un déclic hier, en en parlant avec une copine, et elle y a repensé toute la nuit. Elle a tapé sur Koogle : « signes qu'on est enceinte », et effectivement, elle en a quelques uns. Le retard de règles, déjà, et aussi les seins qui gonflent, la fatigue, l'impression d'être vaguement malade sans l'être vraiment… Absorbée dans la contemplation de l'offre commerciale – Clearbleu, « résultat ultra-fiable avec datation », etc. - Eve tourne la tête quand la pharmacienne s'approche gentiment :

« Je peux vous aider ?

- Heu, oui, je ne sais pas, je voudrais un test de grossesse. »

Alors la dame explique les avantages de chacun, et dans sa voix, dans son sourire, c'est toute l'empathie de la solidarité féminine qui se trouve logée. C'est la délicatesse d'une femme un peu plus âgée attendrie par cette petite jeunesse à fleur de peau, qui ne sait pas encore, qui n'est pas encore passée par là… Eve choisit – un tout simple, pas cher, celui qu'on voit dans les téléfilms -, la femme l'accompagne en caisse, et quand leurs regards se rencontrent, se plongent quelques instants l'un dans l'autre, c'est un concentré d'humanité, la force qui soutient la fragilité, l'encouragement offert au manque de confiance, la sagesse du passé qui rassure l'ignorance de l'avenir, la transmission, de femme à femme, d'un secret immémorial… Et Eve repart avec sa petite boîte.

***

Arrivée à l'appartement, à peine la porte d'entrée refermée, Eve plonge la main dans son sac et repêche le test de grossesse. Elle voudrait le faire dès maintenant mais il faut être à jeun, alors il faudra attendre demain. Pour donner le change à son impatience, elle s'assoit dans le canapé et lit plusieurs fois la notice, pendant que les pensées continuent à fuser les unes après les autres.

Quand va-t-elle en parler à Pierre ? Ce soir quand il rentre ? Non, pas d'inquiétude pour rien, voir le résultat d'abord, et peut-être… peut-être… l'annoncer de façon un peu théâtrale si c'est positif ? Ha ! Connaître la réponse !

Connaître la réponse ! Déjà tant de questions et d'inquiétudes, d'excitation, tout ça peut-être sans raison ! Et vivre ça toute seule… mais peut-être… être deux ? Et la voilà qui caresse son ventre, alors qu'il n'y a peut-être personne, ou… une si petite, si petite chose ? Ha ! Ranger cette boîte et faire autre chose, pour s'occuper les mains, à défaut de réussir à penser à autre chose ! La cuisine, couper des légumes, parfait…

Et la soirée se déroule ainsi, peuplée de pensées inachevées, inavouées. Qu'il est bon, et étrange, d'avoir un secret.

Le lendemain matin, alors que le visage ébouriffé et légèrement barbu de Pierre repose paisiblement sur l'oreiller d'à côté, Eve se faufile hors du lit et se dirige directement vers le tiroir de la salle de bain où le test de grossesse a été astucieusement caché, comme si la nuit n'avait qu'à peine interrompu l'obsession de la veille.

Voilà, c'est le bon moment, enfin. Inutile de relire la notice qu'elle pourrait réciter par cœur. Deux barres pour un bébé. Il faut les deux barres. Assise sur les toilettes, son cœur bat déjà la chamade quand apparaît, très rapidement, la première barre. Une seule barre… Oh non, je me suis excitée pour rien, dommage, j'aurais tellement voulu que… Attendons encore un peu… Ah… quelque chose apparaît… Mais c'est très effacé… Ça compte quand c'est estompé comme ça ? Ah… mais ça se colore un peu, non ? Mais la première barre se colore encore plus. Voyons ce que dit la notice. Deux b… Enceinte ? Ou pas ? L'alternative entre ce qu'elle désire, sans se l'avouer encore, car c'est le début d'un engrenage vertigineux ; et d'un autre côté, ne pas être enceinte, l'option qui signe un retour à la tranquillité, à la vie normale d'avant, mais en fait… si décevante ! - et elle en prend conscience de façon nette dans ces quelques secondes qui semblent des années, si chargées en émotions contradictoires, ces quelques secondes d'attente… au bout desquelles le résultat est là, incontestable, lisible de manière évidente : deux belles barres rose foncé. Égal bébé.

Et la résolution de cette tempête émotionnelle qui dure depuis vingt-quatre heures, ne peut que se muer en larmes. C'est plus fort que tout, cette chaleur qui monte entre les deux sourcils et qui vient perler au coin des yeux, un reniflement, et puis un gros sanglot, étouffé… parce que l'émotion… c'est si intime… et puis les paupières se ferment et deux grosses billes toutes chaudes coulent le long des joues…

Ça n'est pas rationnel, c'est comme, c'est comme… Quelque chose qui vient de se réaliser et qu'on attend depuis toujours, depuis qu'on est née fille, en fait, comme un destin de femme qui s'accomplit, depuis la nuit des temps, et qui nous change à jamais.

Et en fait, c'était déjà là. Le bébé est déjà là. Il est là, microscopique, au creux du ventre d'Eve. Son corps le savait, au fond, et elle vient de l'apprendre...

***

Pierre est levé, il boit son café. La tête encore dans les vapeurs de la nuit, au petit matin, il effectue les gestes routiniers pour aller au travail.

Eve apparaît à la porte de la salle de bain. A pas menus, elle s'approche.

« Pierre... dit-elle, je suis enceinte. » Maladroitement elle pose le test sur la table. Elle ne s'attend à rien, elle n'a pas réfléchi à la manière d'en parler avec lui. Elle avait juste besoin de le lui partager, tout de suite. Elle sait qu'il souhaite avoir des enfants avec elle, c'est juste un peu plus tôt que prévu. Elle ressent une grande joie et leurs regards se rencontrent, pleins d'émotions. Si fortes qu'il se lève et va à la fenêtre, par pudeur…

***

Dans la voiture, sur la route, Pierre rêve. Il n'a pas mis la radio et voit défiler les images d'un lui-même plus âgé tenant par les épaules un bel adolescent, faisant de la voile avec lui, une partie d'échecs… pêcher au bord d'une rivière poissonneuse et scintillante, une belle après-midi d'été, avec son petit garçon… porter un bébé dans les bras, faire marcher en lui tenant les mains un grand bébé… Et si c'est une fille ? Déjà son cœur bat plus vite par une petite montée de stress. Il la voit à 8 ans porter des couettes. Saura-t-il la protéger ? L'éduquer ? Il se voit alors penché sur un petit garçon, l'index levé, debout, les sourcils froncés, dans la pénombre…

Par moments sa réflexion devient plus terre-à-terre. Son contrat avec la maison de production dure encore deux ans, il va falloir assurer un revenu stable et une sécurité matérielle, maintenant ; la mine sérieuse, le regard porte au loin sur la circulation, Pierre sent le poids de la responsabilité se poser sur ses épaules…

Chapitre 2 – La première échographie

« Madame Campagne, c'est à nous. »

Eve et Pierre se lèvent alors de manière empressée.

« Bonjour, Docteur », dit Eve en serrant la main qui lui est tendue.

L'échographe a un bon regard, calme et franc. Il salue aussi le futur papa, qui conserve sa dignité bien qu'il ne soit pas très à l'aise, ne sachant pas bien à quel point il est concerné. Mais il n'en dira rien, bien entendu. Le docteur invite Eve à s'allonger sur le fauteuil surélevé, propose une chaise à Monsieur, prépare son matériel. Les amoureux se sourient, sans mot dire. Il y a déjà eu l'échographie de datation, où Eve était allée seule, mais il paraît que celle-ci est plus émouvante, car on y voit vraiment le bébé. Elle a déjà longuement échangé avec sa mère, ses amies, chacune y va de son expérience, de ses questions, parfois de ses conseils, certaines préfèrent éviter le sujet – soit que ça remue des blessures, soit par peur de lever le voile sur un sujet trop intime, à la fois si personnel et universel. Qu'est-ce qu'on peut révéler, que doit-on dire, qu'a besoin d'entendre une future maman ? Juste lui offrir un peu de son temps, parfois, et la laisser avancer sur sa route…

Eve, elle, a déjà commencé son processus de métamorphose… de jeune femme à maman. Un peu pâle, fatiguée, elle vomit tous les matins au réveil et se couche souvent à 20 heures. Le ventre s'est un peu arrondi. Elle le caresse inconsciemment. Elle a commencé à réfléchir à l'accouchement, à l'allaitement, au congé parental, au mode de garde… mais c'est encore un peu le chaos dans sa tête, et ses recherches sur internet soulèvent plus de questions qu'elles n'en résolvent. Alors elle essaie de lâcher prise, d'écouter de la musique allongée dans le canapé, en regardant par la fenêtre. Elle essaie de faire les choses bien, s'abstenir d'alcool, refuser le saucisson, manger du pamplemousse le matin, écouter du classique… Elle ne réalise pas encore à quel point le désir de faire de son mieux sera à la fois sa force, sa vertu de maman, mais aussi le risque de se perdre, de s'épuiser, se dénigrer… L'équilibre est changé, ce n'est plus un être, ce n'est plus un couple – qui déjà connaît ses périodes de plénitude et de turbulences – c'est déjà une famille où il faudra s'ajuster entre les besoins des uns et des autres…

***

Le contact du gel et de la sonde échographique est froid sur la peau du ventre tendue. Les yeux de Pierre s'agrandissent quand apparaît à l'écran, en noir et blanc, les contours flous d'un petit homme recroquevillé. Le profil du bébé est si tendre, si pur, si paisible… De face, on dirait une sculpture d'une finesse incomparable. Petit être de chair, d'à peine quelques centimètres, tu as déjà tous tes dix doigts ! La petite main délicate et gracieuse flotte au dessus de ta tête. Et le cœur qui bat, on en voit les mouvements… Le voilà qui sursaute ! Il étire soudainement les bras et puis se détend, retourne à ses rêves sous-marins… C'est incroyable. Bouche ouverte, sourire béat… Eve et Pierre semblent deux ravis de la crèche, et quelques gouttes chaudes et salées tracent un sillon sur les pommettes de la jeune femme.

Plus tard… plus tard… ils garderont ces souvenirs comme un des sommets de leur existence, un des plus beaux points de vue, sur l'essence miraculeuse, et profondément bonne, de la Vie.

Ce qui les émerveille aussi, c'est de comprendre qu'il s'agit de leur enfant, petit être fragile, pour l'instant totalement protégé, comme coupé du monde, mais qui est là, vivant, sous la peau. Magie de la technique qui leur révèle l'invisible secret d'un être qui leur est lié, à jamais.

***

Ha, ce qu'elle est insupportable depuis qu'elle est enceinte ! Quel caractère ! On ne sait plus sur quel pied danser, il faut prendre des pincettes dès qu'on veut lui adresser la parole. Et puis, des exigences… Pas ce film-ci, pas cette musique-là, davantage de légumes, je te veux, je te jette… Le mythe de la femme enceinte, Pierre en a entendu parler, mais là c'est sa femme à lui, sa petite Eve, dont la personnalité sensible et pétillante prend une tournure mélodramatique. Et par moments, c'est une furie, sèche, blessante… et une petite fêlure s'est ouverte dans leur relation. Alors pour se protéger, pour ne pas envenimer les choses, dans l'attente de jours meilleurs, Pierre a pris un peu ses distances. Un peu plus d'écran, un peu plus d'apéros avec les copains, et parfois des repas en silence. Cela le rassure de penser qu'elle se plaît à être seule, au calme. Et même si c'est vrai qu'elle s'est créé une bulle, c'est pour elle un sentiment d'abandon déchirant. Son bébé lui tient compagnie, une relation secrète et indestructible se noue de jour en jour entre elle et lui. Une tendresse viscérale. Les émotions font le yoyo, trois cuillerées de joie, deux pincées d'angoisse, un soupçon d'incertitude saupoudré de colère et d'espoir.

***

Moi, petit être de silence, je flotte au chaud dans ma piscine... Tout enroulé sur moi-même, dans mon sac de peau, je ne connais que l'obscurité. J'entends les gargouillis du ventre de Maman, le bruit gris du flux et du reflux de l'eau, qui ressemble à l'océan, la voix de Maman, les battements de nos cœurs qui résonnent dans l'onde... Maman, Maman, Maman, tu es la Terre dans laquelle moi, petite graine, je suis en train de germer. Tu es mon ciel, mon univers, l'air que je respire, mon élément. Tu es tout pour moi, il n'y a pas de moi, pas de toi, il n'y a que la vie qui nous unit. Et ce fil rigolo que j'aime toucher avec mes petits doigts, conduit de toi à moi l'énergie de la vie. Maman, Maman, Maman, j'aime quand ta voix est douce, quand ton cœur bat calmement, j'aime quand ta voix se transforme en musique, cela m'enchante et m'émerveille. J'entends parfois des sons harmonieux, des sons qui glissent, qui réchauffent, qui vibrent... Je découvre avec Mozart la gracieuse délicatesse du piano, avec Dire Straits la douce nostalgie de la guitare électrique, avec Elvis Presley le romantisme d'une voix de crooner, avec Beethov la splendeur grandiose d'un orchestre... Mon imagination se nourrit de ces premières histoires. Les intonations de ta voix, Maman, me familiarisent avec le phrasé d'une question, d'une affirmation, d'un point de suspension. Les nuances du chuchoté et du crié. J'entends des bruits de casseroles, de voitures, des chants d'oiseaux. D'autres voix que la tienne. Tout ça est bien mystérieux pour moi, j'essaie de comprendre à mon niveau, et mes rêves me reparlent de façon déformée de ce qui m'a étonné, heurté, touché.

Que se passe-t-il, Maman ? Pourquoi ta voix est-elle si forte et brutale ? Je me sens tout contracté. Je reconnais la voix de Papa mais elle est comme la tienne, désagréable et blessante. Tout le Mal, toute la douleur, la sombre angoisse et son cortège de monstres, me donnent mal au ventre, plissent les traits de mon visage. Je pleure mais vous ne m'entendez pas. Les parois de mon monde deviennent toutes dures, une porte claque. Au secours !

Tout à coup un tremblement secoue l'univers entier. Maman va mal, Maman pleure. Je suis là, Maman, console-toi ! Ça y'est, je sens la forme de ta main qui prend contact avec moi, de l'autre côté du mur. Cette chaleur, la vibration de cette présence m'apaisent toujours, je me blottis tout contre. Je t'aime, Maman, je suis là, avec toi. Oh oui, allonge-toi, Maman. Tout se détend ici, le doux bonheur revient, tu prends des respirations profondes. Quelle joie d'avoir plus de place ! J'en profite pour gigoter mes pieds. C'est rigolo d'appuyer sur les murs, ils sont tout doux et moelleux ! Je t'aime Maman. Je suis heureux quand tu es heureuse, car ça rayonne partout, et j'arrive mieux à ressentir la source de l'Amour.

***

Ce soir, Papa est venu, il a posé ses mains sur moi, je lui ai dit à quel point je l'aimais lui aussi. C'est lui qui est là le plus souvent. Je le connais. Ils me répètent un mot et rient, je crois qu'ils ont trouvé mon prénom. Maman marche et ça me balance, je m'endors.

Chapitre 3 – Insomnies de fin de grossesse

Eve est à présent une grosse femme enceinte. Son ventre est tendu comme un ballon, c'est l'été, elle porte des robes amples, elle marche de façon chaloupée, les jambes un peu arquées. Elle est au huitième mois de grossesse. Elle vit au rythme du bébé : elle a besoin de dormir des heures. Mais la nuit, plus moyen de fermer l'œil. Bébé fait la bamboula, il tape des pieds. Eve ne trouve pas de position confortable, dans ce corps déformé, chaud comme un radiateur.

Il paraît que les insomnies de fin de grossesse ont pour fonction d'accoutumer la mère à ne plus faire ses nuits et ainsi la préparer à supporter la fatigue. Un mal pour un bien, en somme : la nature est bien faite.

C'est aussi les pensées qui tournent en boucle. C'est une envie de rester seule… déjà parce que son corps l'y oblige, et aussi parce que… le moment approche, et Eve est dans sa bulle.

Au lit, allongée sur le côté, un coussin entre les cuisses, Eve écoute les grillons, et observe les reflets du vent sur les rideaux blancs à motifs. La lumière se répercute sur le papier peint à différents endroits selon les moments de la journée, et font miroiter les couleurs de la chambre. C'est très beau en fin d'après-midi.

Pourtant c'est dur de rester seule. Heureusement qu'il y a les copines au téléphone, la sage-femme, et sa mère, bien sûr.

Hannah, la maman d'Eve, s'était beaucoup rapprochée de sa fille durant ces quelques mois. Elles avaient parlé, un thé à la main, de leur enfance dans le canapé. Quel réconfort de sentir sa maman présente au moment où l'on devient soi-même mère. La layette avait été sortie des cartons, les photos aussi, elles avaient ri, dans les rayons de puériculture. Hannah avait essayé de ne pas apporter plus d'informations que sa fille ne semblait en demander, pour l'accouchement, les soins du bébé… Il fallait lui faire confiance, accorder beaucoup de confiance à cette jeune femme qu'on devinait beaucoup plus nerveuse et inquiète qu'elle ne voulait le montrer, mais cette mère connaissait les fragilités de son enfant… Eve était si courageuse et si touchante… Quoiqu'il arrive, on n'est jamais vraiment prêt… On fait face, de son mieux… C'était surtout l'accouchement qui préoccupait Eve.

En France, l'accouchement naturel reste minoritaire, même s'il est en progression. C'était donc un choix original qu'elle avait fait, qui avait étonné l'anesthésiste, pour qui effacer la douleur est une vocation. La plupart des femmes veulent la péridurale, c'est presque ancré dans la culture féministe du pays : la grande époque de Simone Veil et ces trois grandes conquêtes émancipatrices : l'avortement, la pilule et la péridurale. Cependant Eve avait lu que l'accouchement naturel était finalement plus doux pour le corps, causant moins de complications – dans le cas d'une grossesse sans risque, bien sûr. Que les hormones faisaient bien les choses – la sage-femme le lui avait expliqué – de l'adrénaline, d'abord, pour affronter les contractions, et énormément d'ocytocine dans les derniers moments – l'hormone de l'amour, envoyée pleine balle à la maman, mais aussi au petit, qu'il ne faut pas oublier. Avec la péri, ces décharges d'hormones instinctives sont voilées, perdues. Eve voulait vivre l'expérience authentique, que son instinct lui dise quand pousser, et pour la question de la douleur… ça l'inquiétait bien sûr mais plus tellement. Et puis si ça tournait à l'horreur elle pourrait toujours changer d'avis, se faire aider par l'équipe médicale. Il paraît que chaque accouchement est unique. Elle s'était fait à l'idée qu'il faudrait de toutes les façons s'abandonner…

N'était-ce pas déjà le cas ?

Accepter ce corps énorme, cette sensation de chaleur extrême, ces tiraillements partout, ces douleurs atroces aux hanches… Être essoufflée en marchant, monter lentement les marches, une main sur le bidon, l'autre sur la rambarde. Devoir s'arrêter, s'asseoir, quand le ventre se durcit comme un casque de moto… Il y a quand même le côté pratique de pouvoir poser sa tasse de thé sur son ventre en guise de table. Bébé sent la chaleur et s'agite en dessous… C'est drôle.

Avez-vous entendu le « son gris » qu'on capte à travers la peau ? Eve a un petit appareil qui permet de l'écouter. On dirait la musique des abysses. Ce sont comme des vagues paisibles, comme le grésillement d'un transistor qui ne capte plus rien… On y entendrait presque le chant d'une baleine…

Cet enfant a pris toute la place dans la tête et dans le cœur d'Eve, mais il n'est pas encore là… Vivement qu'il arrive ! Pour le moment, Eve se sent désespérément seule. Pierre est gentil, mais il ne peut pas comprendre. Sortir, faire quelque chose, s'amuser avec des amis, reprendre le travail… Cette vie-là va-t-elle revenir ? Tout ne sera-t-il pas différent ? N'est-ce pas une page qui se tourne ?

Et pendant que ces pensées défilent en arrière-plan, la nuit est tombée, et quand elle va prendre l'air, Eve lève les yeux vers le ciel étoilé et se perd dans l'infini... Sereine, soucieuse, prise dans un maelstrom, tranquille...

Elle caresse l'enfant, elle lui parle, elle lui dit ce qui lui passe par la tête, comme à un journal intime...

***

Qu'il est long le dernier mois... Au fur et à mesure que la date approche, le corps est de plus en plus lourd, las, Eve dort tout le temps. Elle n'en peut plus d'être enceinte. Une gestation de neuf mois... Il faut bien au moins ça pour se préparer psychologiquement. Quel choc ça doit être quand on l'apprend plus tard, ou quand il naît plus tôt. N'empêche, pendant tout ce neuvième mois, on souhaite tous les jours que ce soit aujourd'hui, ou demain, et en même temps on le redoute. Appréhension mêlée de désir, impatience menée à son paroxysme, dans un corps qui tourne au ralenti, plénitude de cet état qui fait de la femme un être duel. Elle le connaît bien son bébé maintenant, même s'il est caché, comme un dieu, même s'il ne bouge plus tellement il est engoncé dans son sac, tout replié en boule, tout serré, il dort d'un sommeil noir, plein de rêves, lui aussi peut-être sent que bientôt tout va changer... Il a du caractère, il est plein d'énergie, il est calme, doux et sensible. Sa présence est tellement réconfortante... Quand va-t-il venir ? Quand pourra-t-elle le serrer dans ses bras ?

Chapitre 4 : La rencontre

C'est comme, quelque chose qui se contracte au bas du ventre, ça fait mal, ça se tort à l'intérieur. La peau du ventre se durcit. Ça vient, et ça part. C'est légèrement différent des contractions qu'Eve a connu ces dernières semaines, plus intense. Ça la réveille au milieu de la nuit. Une demi-heure plus tard, ça recommence. Eve attend comme ça au lit, une heure, deux heures. Elle somnole à moitié. Elle commence à avoir peur. Le jour tant attendu semble arriver. Va-t-elle le supporter ? Ça commence doucement. Il faut prendre des forces, fermer les yeux. Il fait si chaud que la fenêtre est ouverte. Une agréable brise nocturne fait danser les rideaux lentement. Dehors, derrière les voilages, quelques points lumineux scintillent dans le noir, l'un d'eux est plus brillant que les autres… Une planète ? La lune apparaît dans un halo, traversé par un nuage en forme de navire. Eve regarde cela, aussi pour éviter de penser, mais son angoisse et son excitation vont crescendo. Elle a compté quatre contractions en deux heures et demi. Une montée d'adrénaline la pousse à se lever, elle se glisse doucement hors des draps sans réveiller son homme, il est cinq heures du matin… Dans le salon, elle avale un Spasvon, allume deux bougies, et s'assied. Il faut attendre, comme ça, attendre que ça monte, que ça vienne. Eve tamise l'atmosphère pour entrer dans sa bulle, pour se calmer, aussi… Est-ce que tout va bien se passer ? Tout à coup la douleur revient. Ça fait si mal au ventre que la position assise est insupportable. Instinctivement Eve se lève, se déhanche, se berce : ça soulage un peu, ça aide… Quel mal de chien ! Et ce n'est que le début..

Autour de sept heures, c'est l'aurore… Le ciel s'est insensiblement éclairci, le jour pénètre poétiquement par la baie vitrée. Eve décide de sortir. Peut-être que dehors, elle angoissera moins. Et puis marcher, ça fera venir le bébé plus vite… Eve est déjà tellement fatiguée… Mais à quoi bon y penser, il faut tenir, tenir, vivre l'instant.

Elle marche dans son quartier, à pas mesurés, les mains sous le ventre. Les rues sont presque désertes. Le soleil miroite sur la végétation, perlée de rosée cristalline, les façades se découpent dans le ciel parme, entre les rectangles d'ombre et les faces éclatantes de blancheur, comme un feu qui s'allume. Au bout d'une quinzaine de minutes monte une nouvelle douleur, puissante. Eve s'appuie contre un arbre, elle souffle. Il vaudrait mieux rentrer. Si on la voyait…

Dans l'appartement Pierre dort encore. Ce n'est que peu de temps après qu'il émerge de la chambre, les yeux à demi ouverts.

« Salut mon Pierre.

- Salut… Déjà levée ? »

Elle sourit… Puis…

« J'ai des contractions toutes les demi-heures. »

Il ouvre des yeux ronds.

« Depuis cette nuit.

- Ah… Alors je vais pas au travail. Tu veux que je reste avec toi ?

- Oui, je veux bien. Mais ça peut durer longtemps, je crois. »

Il réfléchit un peu, puis tranche :

« Je vais rester avec toi. »

Il l'embrasse et propose un café. Ils prennent leur petit déjeuner dans un silence ponctué de phrases légères. Quand elle contracte tout à coup, elle se lève, se penche, se balance en soufflant, le visage se crispe, les yeux se ferment. Elle gère la douleur, la vague qui monte, et redescend… Pierre l'observe interloqué. Il n'ose pas lui parler, ni la toucher. Il s'approche et quand c'est passé, lui demande si ça va. Elle le rassure, il l'encourage, l'enlace.

***

A quatre pattes dans son bain, Eve sent une contraction très forte qui démarre. La douleur emplit tout son corps, déchire le bas du ventre, du dos, les entrailles. Elle est insupportable. Eve serre les dents, panique. D'instinct, elle étire le haut de son corps, agrippe le robinet de douche en hauteur. Et comme le lui a appris la sage-femme, elle chante un son grave : « Oooooo... » Le souffle accompagne la vague, le vagin s'ouvre… Panique à nouveau, le corps souffrant est en transe, éperdu… Calme… Garde ton calme… Contrôle-toi… Accompagne cette douleur… Elle est bonne, cette douleur… Elle a un but… Bébé vient… Souffle… Ça y'est, ça part… C'est fini… Elle plonge son visage dans l'eau tiède… Il faut aller à la maternité… Même si l'atmosphère de la maison l'aide à rester sereine, et que ce sera plus dur dans les murs aseptisés de l'hôpital, le moment est venu. Les contractions se sont rapprochées toutes les trois-quatre minutes, elles ont duré toute la journée. Eve a attendu le plus possible, s'efforçant d'encaisser seule, avec Pierre dans les parages, maladroit et ému, qui préférait se concentrer sur les préparatifs. Elle est déjà à bout de forces, mais qui pourrait imaginer qu'il y a tant de courage dans une femme, qu'un être puisse aller plus loin, encore plus loin, se donner ainsi totalement puisqu'il le faut ! Toutes ses facultés sont concentrées dans chaque instant. Pierre est prêt aussi, les valises sont fermées, elle sort du bain et se rhabille, se cramponnant à une chaise quand ça reprend.

***

Ils sont sur la route, dans la voiture. Eve ne peut plus bouger comme elle veut, prisonnière de la ceinture de sécurité. Quand ça contracte la panique l'envahit, elle ne gère plus du tout la douleur, par conséquent, celle-ci devient épouvantable, à vouloir en mourir. Eve se cambre sur son siège, elle hurle… A peine quelques minutes pour reprendre son souffle, et ça recommence. En sentant la douleur la prendre, elle chante « Oooo... », un son très grave, très long, de plus en plus fort et de plus en plus grave au fur et à mesure que le mal grandit... et puis s'en va... Ça tire, ça tire entre les jambes. Arriveront-ils assez tôt à l'hôpital ? Au feu rouge, la panique à nouveau. Et une contraction, encore. « Ooo... » Ce chant rauque et profond est magique : la douleur diminue... Son intensité dépend de la façon dont on la reçoit.

Dehors, la vie suit son cours normal, et derrière les vitres qui se douterait qu'une femme va accoucher ? Les rues défilent, les immeubles, les feux, les ronds-points, autant de repères qui les rapprochent de l'hôpital. Pierre ne conduit pas comme d'habitude. Il roule très vite, mais avec tant de douceur qu'on semble voler dans un nuage de coton. Il ne sait que dire : « On arrive bientôt. Courage ma chérie. T'es trop forte. » Il cherche une blague mais n'en trouve pas.

***

Splash ! Un liquide chaud coule, coule entre les jambes comme de l'urine... La robe, le siège sont trempés... Eve pousse un cri de surprise. « J'ai perdu les eaux ! » Pierre ne dit rien, il appuie sur l'accélérateur...

En arrivant à l'hôpital, c'est difficile de parler, de répondre aux questions. Heureusement, Pierre prend les devants. L'entretien est interrompu plusieurs fois, Eve doit se lever, marcher. En tournant le dos à cette inconnue c'est mieux, les douleurs sont tellement plus difficiles à supporter qu'à la maison, où tout est familier, rassurant. L'infirmière comprend vite que le travail a commencé et accompagne le couple, bras dessus bras dessous, en salle d'accouchement.

Pendant ce temps, on annonce à une autre femme qu'elle va devoir rester encore un peu en salle d'attente, qu'il y a une urgence, mais qu'elle aura la prochaine salle d'accouchement qui se libère. Et cette femme maudit l'hôpital, morte d'inquiétude, éperdue de douleur.

Une femme en blouse reçoit Eve et Pierre. C'est un ange de femme. La trentaine, belle, maquillée, douce et souriante, elle s'appelle Sophie. Ses gestes et ses mots sont précis, délicats, efficaces. Elle installe Eve sur un lit dont le dossier est relevé et branche des câbles autour de son ventre. Elle mesure la dilatation du vagin, pique dans son poignet un dispositif en cas de perfusion, enfin lui attache un bracelet avec son nom et un code-barre. Tout cela s'est fait vite, naturellement. Mais Eve ferme les yeux car une grosse contraction arrive.

Sophie la touche, son contact est réconfortant. Si Pierre essaie de faire la même chose, c'est épidermique, Eve se recule et angoisse.

Surprise qu'Eve ne veuille pas la péridurale, la sage-femme la lui propose quand même.

« Pour l'instant ça va encore. Merci... » répond-elle courageusement, déterminée. En récompense, elle reçoit un bon sourire plein de compassion. « Vous pouvez encore changer d'avis, d'accord ? »

Malheureusement Sophie doit partir, elle est appelée ailleurs, il faut appuyer là si on a besoin d'elle.

Eve et Pierre se retrouvent seuls au monde. Quand Eve se tort de douleur, on voit sur un écran de grandes lignes brisées qui se dessinent. Ils perdent leurs moyens. Les « Oooo » tibétains d'Eve se transforment en « Aaah » déchirants. Pierre est inutile, impuissant. Eve finit par appuyer sur le bouton : ce n'est pas possible de rester là comme ça attachée, sanglée. Quand Sophie réapparaît, elle accepte tout de suite de modifier l'installation du monitoring pour qu'Eve puisse se déplacer. Elle enseigne à Pierre un massage formidable : il appuie sur les lombaires d'Eve et la sensation de la contraction diminue de moitié... Eve refuse encore l'anesthésie. Avec la présence de Sophie, ça va. Mais elle repart... C'est comme un abandon. Livrée à elle-même, Eve regrette sa décision.

***

Ces minutes sont interminables. Eve est exténuée, brûlante, son cœur bat à toute allure. Son corps s'écroule, le front à terre, à quatre pattes, gros ventre torturé.

Des heures que ça dure, toute la journée à souffrir par intermittence, et ça devient si fort, si fort ! A en pleurer… Le corps est nu, hagard, plein de sueur. Et ça tire, ça tire en bas, ça fait trop mal… Faites que ça s'arrête, faites que je meure !

Cette salle est laide, tout est blanc, métallique, il n'y a personne, personne… A deux seuls en cage, d'autres femmes dans les boxes à côté qui souffrent aussi, qui accouchent aussi, des bébés qui naissent à côté, des pas pressés dans le couloir, la porte fermée. Désespérée, Eve pleure… Son visage est tordu, elle veut abandonner, tout courage est parti. Mais les contractions continuent, encore plus fortes, encore plus rapprochées. Personne ne peut les arrêter. Elle les subit. A peine le temps de se rendre compte qu'une est partie, qu'une autre arrive.

Eve appuie sur le bouton en vain.

Heureusement que Pierre est là. Il est maladroit, mais il veut être présent pour sa femme et son enfant. Son regard est intense, plein d'amour, et plein de peur aussi. Il se maîtrise, il sourit, il accompagne. Et leurs cœurs sont profondément unis.

Pourtant pour Eve il est là sans être là. Elle est emportée dans sa transe, son marathon, centrée dans son monde clos, dans un état second. Complètement sonnée par la douleur et l'émotion. Cette bulle les protège, elle et son bébé qui ne font plus qu'un, qui travaillent ensemble.

Et puis miraculeusement le désespoir cède la place à l'Amour, comme un feu d'artifice. C'est une énorme décharge d'ocytocine qui la fait décoller dans une autre dimension. Et même si les douleurs s'intensifient encore, elles sont comme en arrière-plan. Eve a la tête qui tourne, sa voix grave résonne à l'intérieur d'elle-même, le décor disparaît et il n'y a plus qu'une grande concentration, une acuité extraordinaire, la conviction de former une équipe avec son petit.

Et puis quelque chose descend, en appuyant horriblement au niveau du rectum. Bébé s'engage dans le bassin. Malgré la peur, Eve s'abandonne entièrement, chante spontanément un son tribal…

La sage-femme accourt, suivie d'une acolyte. Elles trouvent Eve par terre, ruisselante, les yeux dans le vide… Elles lui demandent de s'allonger, pour se reposer. Elle n'a plus de volonté, elle obéit. La position gynécologique n'est pas la meilleure pour accoucher, mais si pratique pour les aidants. Et puis ça fait du bien, du soutien…

L'arrivée du bébé est imminente. Eve demande à ce qu'on tamise la lumière, pour ne pas éblouir le petit... Pierre se place tout près de sa femme, lui donne la main, qu'elle écrabouille. Quand la tête se présente, Eve s'accroche au drap et à cette main aimée. Mais comment peut-on décrire quelque chose qui fait aussi mal ? Le supplice est tel qu'il faut pousser, pousser pour en finir ! Et Eve a tellement envie que son bébé sorte enfin, car cette peine atroce, c'est son petit chéri qui vient. Alors elle donne toute l'énergie qu'elle n'a plus. Et elle a une force, une force ! Une puissance vitale, aussi absolue que celle de l'eau, de la terre ou du feu, qui emporte tout, dévaste et ouvre les passages.

Les sages-femmes sont déconcertées devant cet accouchement facile et surnaturel auquel elles assistent trop rarement. Bluffées aussi, et heureuses, elles félicitent et encouragent la maman :

« C'est très bien ce que vous

faites. Poussez ! Poussez ! »

Mais une seconde avant qu'elles l'aient dit, Eve a déjà commencé son effort, sentant tout, inspirée par son instinct, dans un tourbillon déchirant, au-dessus duquel elle passe, combative, comme un homme qui se rue dans la mêlée pour défendre les siens.

« La tête est sortie, continuez ! Il va passer les épaules ! »

Quoi ? Ce n'est pas fini ? Le petit glisse, il faut encore le pousser, encore... Aaah !

Et soudainement le vagin est libéré. Les larmes jaillissent à flots et Eve crie en tendant les bras : « Mon bébé ! » comme on crierait « Mon amour ! » après une infinie séparation. L'univers entier se concentre dans cet instant. Tout le cosmos dans quelques secondes. La conscience n'atteint ce niveau de profondeur que dans le pur Amour. Eve pleure de joie. Elle embrasse son petit, tout trempé et gluant. Réchauffé d'une serviette, dans les bras de sa mère, il pousse son premier cri, leur dit son tourment.

Étourdie, baignée de sueur, de sang et de larmes, Eve ignore le temps pour que Sophie tende à Pierre des ciseaux, qu'il coupe le cordon. Eve ne voit rien, car un drap recouvre ses jambes repliées. Elle aperçoit le regard émerveillé de Sophie, qui prend le tout petit dans ses bras, et s'éloigne pour le laver. Elle lui dit des choses d'une tendresse infinie, sa voix sonne comme un carillon. Lui, crie son désarroi.

Pendant ce temps, Eve sent la main de son compagnon sur son front, sur ses cheveux moites, il la regarde tendrement. Lui aussi est hagard, en souriant il lui montre sa main, broyée, et il se détend les doigts.

On leur apporte leur fils. Malo... Malo... Il est déposé sur le ventre flasque d'Eve. C'est une petite boule toute chaude avec de grands, grands yeux noirs. La finesse de chaque détail de son corps est émouvante. Mais surtout son regard, qu'il gardera à peine quelques heures, semble témoigner du Paradis, de l'innocence totale. Fait extraordinaire, il rampe jusqu'au sein et trouve tout seul le mamelon, puis se met à téter. Drôle de sensation. Eve et son fils, peau à peau, se regardent, se perdent dans les yeux l'un de l'autre, inondés de bonheur, de calme... Et puis la jeune mère a tendu son fils au papa. Pendant que Pierre câlinait son enfant, les sages-femmes ont appuyé sur le ventre d'Eve, pour faire sortir le placenta. Nouvelle douleur, mais rapide. Tout s'est bien passé. Enfin, après avoir partagé cette joie merveilleuse, elles se sont éclipsées.

Maintenant, Eve, Pierre et l'enfant sont comme une petite Sainte Famille, blottis les uns contre les autres, s'échangeant des caresses, des baisers... Dans la douceur, le temps s'arrête. C'est un aperçu de l'éternité.

***

Dans mon monde tout s'écroule. Le ventre de Maman, si moelleux, si bon, est devenu une machine de torture. Ces derniers temps, déjà, je m'y sentais plus à l'étroit, tout serré. Je n'avais plus la place de jouer, de bouger. Pelotonné sur moi-même comme un escargot dans sa coquille. Et puis tout à coup j'ai été pris en tenailles. De plus en plus fort. J'ai eu très mal et très peur. Par moments Maman avait peur aussi, je l'ai senti, j'ai tout senti. Mais j'ai vu aussi qu'elle était très courageuse, et moi ça m'a aidé, et je l'ai imitée. J'ai reçu aussi les décharges d'adrénaline et d'ocytocine, pour me donner de la force et de l'espoir. A certains moments Maman m'a porté, et à d'autres c'est moi qui l'ai portée. Ça lui a paru long, mais à moi ça a semblé durer des années… J'avais confiance en elle. Je ne sais pas vraiment ce qui nous arrive, mais je descends, et je sais qu'il va falloir partir, quitter ma vie. Cela me donne le vertige et j'ai très très peur, et très mal. Mais je veux sortir, j'y vais, c'est une nécessité.

Je suis sorti, et j'ai vu la lumière. L'air est rentré par mon nez et ma bouche, il a traversé tout mon corps, et j'ai crié. J'ai crié ! J'ai entendu ma voix, elle m'a fait mal aux oreilles et à la tête. Avant, tous les sons étaient en sourdine, répercutés à travers l'onde. Je sens l'air sur ma peau, pour la première fois. Je continue à respirer. Je vois des présences autour de moi, je les sens bienveillantes, affairées. Je découvre la lumière, c'est merveilleux, c'est beau !

Et puis je ressens la présence de Maman qui se rapproche. Quel soulagement ! Maman, c'est toi, tu es là mais tu n'es plus la même. Je sens ta peau toute chaude contre la mienne. Quelle sensation agréable… Je reconnais ton cœur qui bat, et voilà que je respire ton odeur… Elle est délicieuse, je me sens si bien, tu dégages tellement d'amour. Maman, je te tète et ça me semble si bon, si naturel… J'aperçois deux cercles captivants où je te reconnais… Toi tu vois dans mes yeux le souvenir du monde de ténèbres d'où je viens, un grand lac plein de rêves, d'ignorance et d'une profonde sagesse. Toute cette vie *in utero*, que je vais si vite oublier… Maman, mon monde, ma source, je croyais te perdre et te voilà, un peu la même et un peu une autre, je ne comprends pas encore que tu es désormais… coupée de moi. Je nous sens encore… unis. Et toi aussi.

Je reconnais la voix de Papa. Le voilà, l'Autre... Lui aussi a un corps, des bras. Lui aussi m'emporte contre lui et j'entends son cœur qui bat, je vois ses yeux… Avec lui aussi je me sens bien, bien… et je m'endors… Je suis si fatigué… Quelle magnifique naissance… Adieu, mon monde…

***

Aujourd'hui, à cette heure et à cette seconde, tu es mort, tu es né. Ta vie t'attend, et ton destin. Tu es venu sur Terre, pour ton bonheur et pour le nôtre, pour sublimer ce monde de ta lumière particulière. Tout à construire, tout à découvrir. Si tu veux bien, nous t'aiderons. Bienvenue cher enfant, sois grand, sois libre. Nous t'aimons.

Chapitre 5 : Les nuits du premier mois

Pierre est reparti dans la nuit. Après l'accouchement, tard le soir, ont suivi de longues heures à attendre qu'on vienne les chercher pour les installer dans leur chambre. Sophie, occupée toute la nuit, a eu la délicatesse d'offrir un peu de son temps à la jeune maman, de lui dire au revoir… Le brancard a roulé, avec la mère et l'enfant. Les brancardiers étaient enjoués, cocasses. Ils ont déposé le nourrisson, endormi comme un ange, dans un petit berceau transparent, à hauteur de lit. L'un d'eux a aidé Eve à se lever pour la première fois. Une jambe après l'autre, tout doucement. Il l'a soutenue pour avancer jusqu'aux toilettes. L'urine ravive la chair déchirée, gonflée, encore une peine à endurer. Le sang coule à flots, heureusement les serviettes hygiéniques spéciales sont un vrai coussin de douceur, apaisant.

Et puis Eve a essayé de dormir, mais elle ne pouvait rien faire d'autre que regarder son bébé. Dans la pénombre silencieuse, entendre son souffle, se noyer dans la contemplation de ses petites mains fripées. Son visage, tout rond, tout doux, est maquillé de marques rouges, enveloppé d'un petit bonnet couleur crème. Son corps est emmitouflé dans des couches superposées de pyjama, de turbulette. Son nez, sa bouche, ses paupières closes, sont d'une délicatesse à couper le souffle. Eve se sent si proche de cet être, si éprise…

A l'aurore, alors qu'elle s'était finalement endormie, de petits sons l'ont réveillée. Bébé s'agite un peu. Sur le mur, une affiche présente des photos de bébés et donne le comportement à adopter. Eve reconnaît les signes de la faim. Elle prend son petit Malo dans les bras et lui donne le sein. Il se calme en tétant et se rendort, Eve aussi.

Un peu plus tard, le petit déjeuner est servi. Eve, qui s'est assoupie assise, dépose le petit dans son berceau et dévore avec un bel appétit le pain et la confiture, le chocolat chaud. Il n'en reste pas une miette ! Elle prend ensuite la douche la plus agréable de toute sa vie.

La journée se déroule, visites de sages-femmes et auxiliaires de puériculture, arrivée de Pierre peu avant le déjeuner, réconfort de sa présence, bonheur de le voir si tendre, si heureux avec son bébé. Galère des premiers changes, comment manipuler cette crevette ? Comment déshabiller et rhabiller ce petit vivant ? En début d'après-midi, arrivée d'une autre famille dans la chambre. La mère a l'air éprouvée, ils chuchotent entre eux, Eve et Pierre se font discrets.

Dans l'après-midi, Eve se retrouve seule et dort un peu, peau à peau avec son trésor délicat. Elle lui donne beaucoup le sein, mais n'est pas sûre de bien s'y prendre. Sa poitrine ne cesse de gonfler, ça la gêne, elle a l'impression d'avoir en lieu et place de seins deux obus prêts à exploser, hypersensibles. Quand le bébé tête, elle ressent des douleurs affreuses au creux du ventre. On appelle ça des tranchées. L'utérus contracte pour se remettre en place. Son ventre est encore gros, tout mou, tout vide. Son enfant, même s'il est là, tout contre elle, lui manque dans son ventre. Elle avait pris l'habitude de poser sa main là, sous le nombril.

Elle est si fatiguée, si fatiguée, et les pleurs du bébé, comme des miaulements, l'angoissent. Peut-être a-t-il mal au ventre ? Son système digestif connaît de grands chamboulements, avant tout passait par le cordon. Il recrache un liquide blanc plein de bulles. Peut-être a-t-il peur ? Blotti contre sa maman, Malo s'apaise.

Mais il faut toujours montrer un visage pimpant, souriant, quand quelqu'un entre dans la chambre, pour elle ou pour sa voisine. Elle reçoit les visites de ses parents, de ses beaux-parents, avec Pierre qui revient. On lui offre des chocolats. Les grands-parents prennent Malo dans les bras, ils sont tellement joyeux et attentionnés. Les yeux qui brillent, la reconnaissance de ses beaux-parents, papi et mamie pour la première fois, est touchante.

Pierre reste encore un peu, puis se retire. Le crépuscule s'annonce à pas feutrés. Il ne reste plus que les mères et les bébés. Les femmes échangent quelques bribes de leur aventure, puis ne savent que se dire, chacune à son enfant, à sa douleur, à sa fatigue. Les sages-femmes et puéricultrices de nuit se présentent, recueillent quelques informations. La nuit tombe…

La deuxième nuit est un long tunnel d'angoisse. Les bébés hurlent, se passent le relai, rien ne les calme. La montée de lait tarde à venir, ils ont faim. Eve se sent désemparée. Le pire, c'est quand son bébé à elle crie. Ça lui noue les entrailles, elle se sent touchée en plein cœur, en détresse. Le petit voisin l'empêche juste de dormir… Elle s'isole dans le couloir pour pleurer, geindre. Jamais elle n'y arrivera. Elle ne sait pas être mère, elle se sent seule et chétive. Son épuisement est tel qu'apparaissent des taches de couleurs, des tourbillons, le décor se déforme comme une mer agitée…

Pourtant cette horrible nuit va passer. La Providence lui apporte enfin une puéricultrice rassurante, qui lui montre comment emmailloter son bébé, lui donner le petit doigt à sucer. Au petit on offre une pipette de sucre, un tout petit biberon de lait. Au matin, il observe avec ses grands yeux noirs le soleil apparaître. Instant béni.

Les deux mamans se sourient au petit déjeuner. Elles se connaissent mal, mais se sentent proches d'avoir partagé les mêmes affres, côte à côte, dans la pénombre. Elles allongent les bébés sur le même lit, ils se regardent, elles rient.

***

Peu à peu ce jour-là le colostrum, sorte de miel, se transforme en lait tiède, qui perle tout autour du téton. Les seins sont énormes, gorgés de nourriture, ils tiraillent intensément. Mais quelle joie de voir le nourrisson boire à grandes goulées, puis se renverser en arrière, les yeux clos, la bouche ouverte, béat. Une goutte blanche coule sur son menton…

Dans l'après-midi, Malo va connaître un autre moment de bien-être : le bain. Il est si petit qu'il tient entier dans le lavabo ! Son corps flotte, retrouver la sensation de l'eau semble lui procurer une paix doucereuse. Son regard est limpide, abyssal. Il est si mignon qu'on voudrait qu'il reste comme ça pour toujours… Mais le temps passe si vite. Sa peau est d'une infinie douceur, duveteuse, il est si drôle quand ses deux jambes de grenouille sortent de son joli body en coton. Encore des heures de silence, de repos, avec Pierre à leurs côtés.

***

Après le jour, encore une nuit. Cette nuit-là est hachée, aussi, mais Eve commence à s'habituer, à prendre le rythme. Elle dort avec Malo contre elle. De bonnes siestes lui ont permis de récupérer un peu d'énergie, de quoi tenir, au moins, sans s'effondrer. Le marathon va durer encore quelques temps, un temps indéfini à renoncer au cycle de sommeil habituel, mais à vivre en pointillés, par cycles de deux, trois heures.

***

Le troisième jour à la maternité est celui du retour à la maison. Eve et Pierre se font une joie de se retrouver, ensemble, dans leur petit nid. Tôt dans la journée les valises sont refermées, emmenées à la voiture, il n'y a plus qu'à attendre l'examen du pédiatre qui doit signer l'autorisation de sortie et confirmer la reprise de poids de Malo. Le temps semble s'étirer, dans une impatience désœuvrée. Ce n'est qu'à seize heures que le docteur arrive, enfin ! Eve prend congé de sa voisine de chambre, lui souhaite bonne chance, belle vie ! Pierre est heureux et fier de sortir dans la rue avec son poupon dans les bras. Il ne remarque pas tout de suite qu'Eve peine à le suivre, marche en canard, en soufflant. Alors il donne le bras à sa petite blessée. Ils sont solidaires, euphoriques.

Quand ils ouvrent la porte et pénètrent tous les trois dans l'appartement, quelque chose a changé dans l'atmosphère du foyer, c'est comme un halo de tendresse qui entre avec ce tout petit enfant, et la nouvelle relation qui unit les trois êtres de cette famille, emplit tout l'espace. Le domicile s'imprègne d'une douce chaleur, comme dans un nuage.

Petit amour, tu es là, allongé sur le lit, entre nous deux. Tu es là, avec nous pour toujours. Tu es venu et il n'y aura pas de retour en arrière. Tout est nouveau.

***

Il faut encore tenir. Même si ce sont des moments de grâce, la fatigue est bien présente, et il est impossible de véritablement recharger ses batteries. Malo prend toute la place dans la journée. Son repas dure bien une demi-heure, trois quarts d'heure ; il prend un sein, puis l'autre, on lui change sa couche entre les deux. Parfois, Eve tend le bébé à Pierre et d'un air las : « Tiens, tu peux le changer s'il te plaît ? » Pendant ce temps elle s'écrase dans le canapé et ferme un instant les yeux, inquiète quand même d'entendre des pleurs dans la salle de bains, persuadée que son compagnon s'y prend mal… - Comme s'il ne pleurait jamais, avec elle… Parfois même elle n'y tient pas et se lève pour aller espionner, à la porte, vérifier qu'il met correctement le liniment. Elle le rabroue quand un vêtement est attaché de travers. Lui, ça le blesse qu'elle ne lui fasse pas confiance. Mais que voulez-vous ?… Après son repas il s'endort dans les bras, on reste comme ça, dans le silence, un temps indéfini. On finit par le poser pour aller faire pipi. Une heure après il se réveille, gazouille un peu et ouvre la bouche pour réclamer sa tétée, et ça recommence…

C'est pareil la nuit. Sauf qu'on est au radar dans le noir et qu'on lui parle moins, en chuchotant. On est trop heureux quand il dort deux heures d'affilée. Eve l'allaite dans le lit, allongée sur le côté. Souvent elle se rendort avant lui et se réveille un peu plus tard en s'étonnant : « Tiens, tu es encore là, toi ? »

Ça devient un vrai dilemme pour savoir ce qui préservera au mieux l'énergie qu'il lui reste : « Ai-je le courage de me lever pour le recoucher dans son berceau ?… au risque qu'il se réveille, et de repartir pour un tour ? Ou est-ce que je le garde là, au chaud contre moi ?… sachant qu'alors je dormirai moins bien… je suis même partie pour avoir une crampe au bras… Et puis il bouge quand il dort, le petit coquin, il vient se serrer contre nous ! Tellement peur de l'écraser, que je ne dormirai que d'un œil... »

Enfin, comble de l'absurde : elle décide finalement de le coucher dans son lit, pour pouvoir se reposer… et puis finalement elle reste une heure assise à le regarder dormir…

Il faut dire qu'il est tellement beau. En toute objectivité : c'est le plus beau bébé du monde ! Tout petit, dans son tout petit lit, il rêve avec tout son corps ; ses mains minuscules lévitent au-dessus de lui, doigts tendus ; et par instants de petites frayeurs lui font brusquement écarter ses quatre membres, qui ensuite se détendent… Sa respiration est profonde, on voit son ventre se soulever… Son environnement aussi a quelque chose de tendre, de touchant. Le joli mobile au-dessus de son lit, la boîte à musique d'autrefois, les étagères garnies de minuscules vêtements rangés en piles, petites chaussettes, bodies « taille zéro », doudous…

Les nuits, c'est difficile… Quand il crie pendant une heure, c'est l'angoisse totale. Ils ont beau tout essayer, les câlins, la musique… Il n'y a rien à faire. Et il est trop fragile pour qu'on le laisse affronter ces crises tout seul. Les conseils de grands-mères, « Laisse-le pleurer », Eve n'arrive pas à s'y résoudre. Pierre est dubitatif, alors elle fait comme elle le sent, même si elle doute d'elle-même. Ils s'efforcent donc de supporter ces hurlements dans les oreilles. C'est dur nerveusement. Quand Pierre propose de s'en occuper, Eve ne peut pas dormir pour autant, ni même lâcher prise… Le pire, c'est quand en plus dans ces moments-là se rajoute un autre accident : un vomi, une couche qui explose avec du caca tout liquide et tout jaune absolument partout, ou encore un jet de pipi qui arrive en pleine face au beau milieu d'un change… C'est là que l'épuisement est tel qu'Eve peut manquer cruellement d'humour, et s'effondrer en larmes… Par chance, Pierre a trouvé une combine : il tourne Malo de façon à ce que son pipi atterrisse directement dans le lavabo ! Et ça fait du bien, un peu de dérision…

Les visites, aussi, sont une véritable bulle d'oxygène, du moment qu'elles ne s'éternisent pas… Voir des visages amicaux, parler, rire, recevoir de l'amour, ça les aide vraiment à tenir. Et tous s'émerveillent devant le petit angelot. Certains le font sourire, déjà, tandis que d'autres refusent de le prendre dans leurs bras – c'est trop fragile un nourrisson.

Les visites à domicile de la sage-femme revêtent une grande importance pour Eve. Dès le lendemain du retour à la maternité, elle a pu lui raconter son accouchement, la remercier pour ses précieux conseils. Auprès d'elle, elle se remémore la douleur, d'une intensité si marquante qu'elle s'est imprimée à vie, même si c'est un souvenir qu'elle range dans un tiroir, à l'abri. Ce qui lui reste, dominant tout, c'est la beauté du moment.

Auprès d'elle, elle sent qu'elle peut se confier, déposer l'intimité des peines qu'elle endure encore, au niveau du sexe, des seins.

C'est que Malo a souvent du mal à téter. Il s'énerve, pleure, attrape et lâche le téton à plusieurs reprises ; Eve stresse et se sent impuissante, et c'est comme si sa nervosité se transmettait au bébé.

« Il faut du temps pour que le tandem se construise. Chaque allaitement est différent... » explique patiemment la sage-femme, qui fait essayer plusieurs positions à Eve, lui montre comment retirer la bouche du bébé en glissant un doigt, pour qu'il reprenne le sein correctement, sans lui faire mal…

« Ça vaut le coup de persévérer, tant que vous en avez le courage. Dans quelques semaines ça sera très facile. N'hésitez pas à m'appeler, quand vous voulez. Ça va aller ? »

Eve répond que oui, même si bien sûr, une fois seule, il restera des doutes, des tourments, mais pour le moment, grâce à cette femme, elle se sent pleine de confiance.

***

Et puis assez rapidement, vient le moment où Pierre doit reprendre son travail au studio. Il se lève à sept heures et demie, rentre vers six heures... Eve et Malo passent leur journée en tête à tête. Le sentiment de solitude la gagne à nouveau. L'épuisement, aussi. Eve n'arrive à rien faire, car le bébé a besoin de passer des heures dans ses bras.

Sa cousine lui prête une écharpe de portage, bien pratique pour se déplacer et libérer ses deux mains, tout en continuant à materner, Malo lové contre son ventre, juste à hauteur de bisou... La poussette également, une belle invention, il se détend si facilement au grand air, quand ça roule... Eve prend ses marques, ses petites habitudes. Une douche le matin, une promenade, un bon roman à lire pendant les tétées, assise au lit, calée contre des oreillers. Les gestes lui deviennent de plus en plus naturels : bercer, donner le bain. Elle raconte à Malo ce qui lui passe par la tête, lui décrit ce qu'elle fait, de cette voix chantonnante qu'on prend pour parler aux bébés, dans tous les pays du monde... Et elle prend même plaisir à lui chanter des airs de son enfance...

La vaisselle s'accumule et la maison est moyennement tenue, mais Pierre ne lui en fait pas le reproche. Le soir, quand il rentre, ils essayent de garder l'habitude de regarder un bon film... moins souvent qu'avant, mais… Et pour le cinéma, c'est impossible pour l'instant. Alors Pierre ira sans elle, avec des collègues… Tant pis, ce ne sera pas le dernier sacrifice…

Ils s'organisent bien. Ils sont sur le pont tous les deux, malgré la fatigue permanente. Pierre donne le premier repas de nuit, vers minuit, ce qui permet à Eve de dormir quatre heures. Elle récupère souvent du lait dans une coupelle d'allaitement, ça coule en surabondance. Ils le congèlent et ça permet au papa d'assurer ce relai. En semaine, Pierre dort dans le canapé. Eve comprend, même si elle ça la chagrine. Heureusement, le week-end, ils se retrouvent. Pendant deux jours ils gardent leurs téléphones en silencieux. Ils paressent et pouponnent sans voir le temps passer, tout à leur bonheur. Ils emmènent leur bébé découvrir la forêt, l'océan, et ses arrière-grands-parents…

Un jour, les saignements d'Eve se tarissent... mais il faudra des mois à son corps pour récupérer de tous les efforts qu'il aura déployés, pour s'adapter à de tels bouleversements, être traversé de sensations si intenses et contradictoires, et accumuler tant de fatigue !

De même, Eve tâtonnera longtemps pour trouver la juste attention à accorder à son existence propre, et à sa relation viscérale à son fils ; tout en offrant sa place à Pierre...

Lui, a mis beaucoup de temps à réaliser ce qui s'était passé. Ce n'est que quand son fils est né que ça a commencé à devenir un peu concret à ses yeux. Et c'est seulement après quelques semaines qu'il a réellement pris conscience que son enfant était là pour de bon, et qu'il était père. Plus jamais il ne sera le même homme.

Quant au petit Malo... Qui sait ce

qui se passe exactement dans sa tête ? A cet instant une chose est sûre, c'est qu'il aime éperdument sa maman… Il est bon, plein de vie, il est une bénédiction.

Épilogue

Et puis c'est le tunnel du premier âge. A deux ans Malo dit non, il grimpe partout, il est surexcité. Il faut tellement de patience et d'énergie pour accompagner ce petit bonhomme qui marche les jambes arquées, s'arrête tous les trois pas pour observer un chien, une poubelle, un papillon... Il est tellement pétillant, avec lui, il y a de franches parties de rigolade... Quel plaisir de lui lire des histoires, lui faire des câlins. En revanche le sommeil, ce n'est pas encore ça... Il fait des cauchemars, se réveille tôt. Et puis il faut encore mettre les mains dans son caca, lui courir après pour le débarbouiller, l'empêcher de donner des coups de pelle aux autres enfants, soigner ses rhumes et ses crises.

A leur regret, Eve et Pierre pètent

des câbles. Pierre ne supporte pas le côté insolent de Malo ; il accuse Eve d'être permissive... Elle lui reproche de ne pas en faire assez. Pourtant, il fait sa part ; à sa manière, il aime son fils à la folie et l'assume. Ils sont parfois submergés par la fatigue, la nervosité. Les blessures sont vives, les réconciliations longues. Ils apprennent le miracle du pardon. Ils se questionnent et remettent en cause cette violence insoupçonnée, latente. Ils pensent au mariage...

La naissance de Malo a fait ressortir beaucoup d'émotions enfouies, de souvenirs refoulés de la petite enfance. Pierre et Eve cogitent sur leur passé, leurs relations avec leurs propres parents, Il y a deux bouts à la relation, entend Eve dans une émission de Jacques Salomé sur Joutube : il y a moi, l'autre, et la relation, qui est le fil tendu qui nous unit. Il faut prendre soin de soi, de l'autre, et aussi de la relation… Eve lit également Dolto, Dodson, Faber et Mazlich, découvre la pédagogie Montessori, la communication non violente. Elle investit, mûrit son rôle de mère de famille, peu à peu… Elle qui était encore une jeune fille il y a si peu de temps. Il y en a sur qui la parentalité tombe, par surprise, d'autres qui l'attendent, l'espèrent ou l'appréhendent…

Chaque jour est un cadeau. De voir cet enfant s'éveiller, découvrir, progresser… Manifester sa joie, sa peine et son énergie si débordante… Quand il dort à poings fermés, la beauté candide de son visage, l'abandon doucereux de son corps miniature, explique à quel point il s'ancre dans le présent, sans réserve.

Lassitude, gratitude, s'alternent par phases. Eve a failli s'oublier, frisé le burn-out, mais elle a pu en parler, et avancer sur le chemin de l'équilibre, de la guérison intérieure.

Finalement ce temps sur terre peut devenir un véritable état de grâce, voilà ce que nous apprennent nos enfants. L'amour pour eux est si absolu, il surpasse tout, il guérit tout, il apaise tout, il affronte tous les maux du quotidien. Mais avec un peu de recul, nous nous apercevons que nos enfants ne sont pas Tout, que notre univers intérieur est bien plus divers, plus vaste, et ne se limite pas à eux. Qu'un beau et grand jardin doit être cultivé chez nous, pour que nous puissions nous réaliser, être au monde et agir, créer, transmettre et transformer.

Je pense à tous ces enfants, qui découvrent notre monde aujourd'hui, à tous ces adultes, sans enfants, qui cherchent aussi le bonheur. Je pense à toutes ces personnes âgées, qui regardent en arrière les souffrances, les îlots de paix, et tout ce qui a été accompli… Je pense aux liens qui unissent Pierre, Eve et Malo, ces liens de chair et d'affection, renforcés par les heures, créés jusqu'à la fin du monde, et au-delà...

Bibliographie

Fitzhugh DODSON, *Tout se joue avant six ans,* éd. Marabout, 2019 (1970)

Françoise DOLTO, *La Cause des enfants,* éd. Pocket, 2007 (1985)

Adele FABER et Elaine MAZLICH, *Parler pour que les enfants écoutent, écouter pour que les enfants parlent,* éd. Du Phare, 2012 (1980)

Marshall ROSENBERG, *Les Mots sont des fenêtres (ou bien ce sont des murs), Introduction à la communication non violente,* éd. La Découverte, 2016 (1999)

La Petite École du Bon Pasteur, *L'Essence chrétienne de la pédagogie Montessori,* éd. Crer Bayard, 2021

Alice MILLER, *C'est pour ton bien, Racines de la violence dans l'éducation de l'enfant,* éd. Flammarion, 2015 (1985)

Maria MONTESSORI, *L'Esprit absorbant de*

l'enfant, éd. Desclée de Brouwer, 2003
Lennart NILSSON et Linda FORSELL, *Naître,* éd. Marabout, 2021 (1965)
Michel ODENT, *Bien naître,* éd. Seuil, 1976

Filmographie

Gilles de Maistre, *Le Premier cri*, 2007
Ariane de Rafaël, *Enchantement, Un conte documentaire sur l'accouchement et la maternité,* 2018

Ressources

La Leche League, une association pour le soutien à l'allaitement maternel

Photographie de couverture : Lennart Nilsson

Table des matières

Printed in Great Britain
by Amazon